Elise Henle

So Mag I's

Kochrecepte in schwäbischer Mundart - Eine Gabe für Bräute und junge Frauen

Elise Henle

So Mag I's

Kochrecepte in schwäbischer Mundart - Eine Gabe für Bräute und junge Frauen

---

ISBN/EAN: 9783845713052

Erscheinungsjahr: 2011

Erscheinungsort: Bremen, Deutschland

www.unikum-verlag.de | office@unikum-verlag.de

So mag i's.

Kochrecepte in schwäbischer Mundart

von

L. Hense.

Eine Gabe
für Bräute und junge Frauen
oder
Jungfrauen, welche Beides werden wollen.

Zweite Auflage.

München.
Braun & Schneider.

Vorred'.

Mädle horch'! Du wirscht a Frau —
Wenn net glei', so später —
D'rom[1]) mußscht koche' könne' au',[2])
's Sell[3]) verlangt a Jeder.
Denn dia[4]) Männer send e Corps,[5])
Send Der oft wie b'sessa,
Liab und Friad'[6]) und der Humor
Hänget ab vom Essa.
Zu Dei'm Beschte, Mädle, sag' i's,
Do ischt nix[7]) zom lacha,
Wenn Dei Mann Dir sagt: „So mag i's“,
Muaßscht's em au' so macha.
Sell ischt wohr, so ischt es eba

---

[1]) deshalb. [2]) auch. [3]) selbiges. [4]) die. [5]) schwäbischer Ausdruck für Gelichter. [6]) Frieden. [7]) nichts.

Hia im Schwobe'ländle,
Gegeseitig z'G'falle' leba
Hoißt's im Ehestāndle.
D'rom lern kocha, laß' Der's rathe,
Du bleibscht so net ledig
Und selbscht wenn De — kan's nex schade —
's Kocha des ischt nöthig!

Äpfelkucha mit Rahm.

Mach' nô[1]) en mürbe Taig, der isch
Am and're Tag so gut wie frisch.
Du brauchscht derzu a gotzigs[2]) Ei,
A Viertel[3]) Zucker nebabei,
A Viertel Butter, halb Pfond[4]) Mehl
Und des ischt älles, goscht[5]) net fehl.
Des muaßscht Du durchenander menga —
Nô jô net z'lang, sonscht bleibt Der's hänga.
Na' muaßscht da Taig in d'Kälte stella,
Sonscht ischt er waich und net zum wella.
Er reißt Der z'samm in lauter Stücke;
Schadt't aber nix, Du kanscht en flicke.
Des kommt nô von der Mürbe her,
Und 's Z'sammesetza ischt net schwer.
Dann legscht'n in a Springblech' nei —
Des muß — verstôht se[6]) — g'stricha sei'!
Streu's au' mit Mutschelmehl[7]) guat aus,

---

[1]) nur. [2]) einziges. [3]) 125 Gramm. [4]) 250 Gramm.
[5]) gehst. [6]) versteht sich. [7]) Semmelmehl.

No göht[1]) der Kucha besser 'raus. —
Jetzt schneid'scht Du g'schälte Äpfel auf
In nette Schnitz', und legscht se d'rauf,
Recht eng beisamme in der Rond[2])
Net nó oin Schnitz äll' ander' Stond'.[3])
Denn wo ma sotte[4]) Sacha spart,
Woischt Kind, do kriagt des Zeug koi' Art!
Streuscht Zucker d'rauf, und thuschsts ins Rohr,
Und bachscht's e bisele zuvor.
D'rweil er bacht, richt's Güßle[5]) her:
A Viertel[6]) saura Rahm u'gfähr,
Zwoi Eier und a Gelb's vom Ei,
A Achtel[7]) Zucker — au' derbei;
Des rüahr' und kläppare d'rauf recht —
I sag Der nó, des ischt net schlecht! —
Wenn jetzt der Kucha halbist' bacha[8]),
Na nimm en raus; mußscht's Rohr aufmacha,
Und schüttst da Guß drauf — des ischt fei'! —
No aber stellst en wieder nei',
Und laßt'n a schön's Färble kriaga —
Halt ebe bacha bis zum G'nüaga.
Wie lang? Weißscht des sind Übungssacha;

---

[1]) geht. [2]) Runde. [3]) Stund. [4]) solche. [5]) Guß.
[6]) ¼ Liter. [7]) 60 Gramm. [8]) gebacken.

Mer kann net eins wie's andre macha.
Do muaß ma halt sei Herdle kenna;
Des ziaht schlecht, des thuat äll's verbrenna.
Des kann mer net ins Kochbuch schmiera,
Des mußscht scho' selber ausstudiera.

Der Apfelkucha isch au' guat,
Wenn ma'n mit Kirscha macha thuat.

Boeuf à la mode.

E' Fleisch, des g'hört auf jeden Tisch,
Ischt habhafter[1] als wie a Fisch;
Und Böflemod[2] ischt delicat.
Des battet[3] au — es ischt a Staat!
An Ochsafleisch vom Schwanzstück fei' —
Drei Pfündla[4] nehm, des müaßet's sei' —
Denn nirgends sieht ma's gern, liabs Kind,
Wenn d'Brôta gar z' klei'winzig sind.
Au' muaß ma' d' Knauserei vermeida,
's Zugreifa net de Gäscht' verleida,
Und bleibt was übrig, bringt ma's frisch
Am Obe'd[5] wieder auf da Tisch.
Das Schwanzstück klopfscht Du erscht recht tüchtig,
Na reibscht's mit Salz und Pfeffer richtig,
Thuascht Pfefferkörnla au' nô d'ra,
E Lorbeerblatt, en Knobelzah'[6];
Au' Nägala[7]' a bisle Zwiebel,

---

1) kräftiger. 2) Boeuf à la mode. 3) gibt aus. 4) 1 kg. 500 g. 5) Abend. 6) Knoblauchzahn. 7) gewürzte Nelken.

Citronarädla sind net übel.
Nô schüttest Essig d'rüber glei[1],
A Wasser aber au' d'rbei.
's muaß richtig d'rüber gehn die Beize —
I sag Der's, thu mer nô[2] net geize!
So läßt's jetzt drei, vier Tägla steha,
Muaßscht aber älsfort dernach seha,
Und muaßscht's umkehra au' ällbot[3],
Sonscht wird's auf einer Seite rot.
In dera Beize stellscht es na'[4]
Und kochscht's, so weich mers kocha ka',
Na brennscht e dunkels Mehle ei',
Und thuascht e paar Stück Zucker 'nei'[5].
Mach's nô r e c h t dunkel, jo net z'hell,
Und lösch's mit Essig ab recht schnell.
Na gießscht die ganze Beize na'
Mit älle Zuthate, die d'ra'.
So kochschst's e halbe Stond womöglich;
Na seihscht[6] es durch und thuascht nachträglich
Des Fleisch noch köchla[7] in der Brüh[8] —
Zu lang kocht's Böflemod gar nie,
Denn g'wärmt ischt's besser noch, wie frisch! —

---

[1]) gleich. [2]) nur. [3]) immerfort. [4]) nun. [5]) hinein.
[6]) durchseihen. [7]) kochen. [8]) sauce.

Laßscht's kocha, bis es fertig isch,
Bis's Mehle nimmer rausschmeckt — eba
Dia Sacha kann mer net a'geba.

Des Böslemod, Du des isch fei [1],
Da legscht Du g'wiß an Ehr mit ei'!
Guck [2]), was Du kochscht, des koch au' recht;
Es ischt a Schand, wenn ebbes [3]) schlecht.
D'rum gang [4]) nô selbscht in d'Kuche naus,
Denn da derfür bischt d'Frau vom Haus.
Der Mann muß's zahle und, Potz Welt!
Der will was Gut's han [5]) für sei' Geld!

---

[1]) fein, gut, nobel. [2]) Schau. [3]) etwas. [4]) gehe
[5]) haben.

Chaud'eau.

Du klepperscht 8 Eigelb — guck' so fangt mer a —
Und thuascht a paar Löffala Weißwein dra' na',
An kalta natürlich, sonscht könnt D'rs ja grinna[1]) —
Beim Kocha, dô muaß ma' sich älleweil b'sinna.
No reibscht a Stück Zucker ab an'ra Citro'[2]),
Und druckst an des Eigelb da Saft glei d'rwo'.
A Achtel Pfond Zucker derf's beiläufig sei',
Dean muaßscht aber siada nô glei mit em Wei' —
En Schoppe[3]) muaßscht nema an Weiße, an Alta,
Sonscht kanscht koi' recht kräftigs Schodol' erhalta.
Des Weinle, des schütteścht Du siadig an d'Eier;
Du muaßscht's aber sprudle[4]), sonscht ischts net geheuer.
Nô stellscht des Schodole in's Häfale fei'[5])
In a' Wassa einstweila, des kocha thuat, 'nei'.
Nô kurz, vor Da's a'richscht, an Augablick kaum —
Dô sprudelsts halt wieder, und fei wird der Schaum.

---

[1]) gerinnen. [2]) Citrone. [3]) 1/4 Liter. [4]) quirlen. [5]) sicher.

Den Schodo, i' sag Der's, veracht' mer nô nit!
Den kannscht Du verwenda zu was Du nô witt[1],
Zu Auflaufs, zu Puddings und sonst süaße Speisa
Und Backwerk, probiers halt, es wird se gwiß weisa[2].
Es ischt ebbes Fei's, was Gut's so wia so,
Und wo nô e Fescht ischt, da gibts en Schodo.
Bei Taufe z. B. . . Narr, brauchscht De net ziera;
Sobald De verheirath't bischt, kann des passiera! —
Da mach Du en Schodo, die doppelt Portio',
Und, glaub mer's, es bleibt Der koi bisle dervo'.
Denn d' Leut könnet essa — es isch net zum saga,
Mer moint oft, se hättet a Loch d'rin im Maga.
Des 'aber macht gar ner[3]); für uns ischt's a Ehr;
Kommt nix naus als d' Schüßla und d' Schüßla
sind leer.

---

[1]) willst. [2]) zeigen. [3]) nichts.

Dreierlei G'sälz.[1])

Drei Pfond[2]) Kirscha nimmscht nach Haus —
Schwarze Kirscha — steinscht dia aus,
Kochscht se ei, muaßscht Achtung geba,
Mit 'me halb Pfond[3]) Zucker eba.[4])
Und giaßt s', ist koi Brüah meh dra',
In an Topf von Porzela'[5])

Auf des na' thuast Himbeer lesa,
Weil dô Würmer dra sind gwesa;
Weiter muaßscht die Träubla zopfa[6])
Von de Stiela sauber ropfa[7]) —
Oi' und a' halb's Schöpple je
Nimmscht von jedem, und net meh! —
Nô nimmst a Pfond Zucker fei'
Und kochst s' grad wia d' Kerscha ei',
Schütt'st s' recht heiß d'rauf an dia na,

---

[1]) Marmelade. [2]) 1½ Kilo. [3]) 250 Gramm. [4]) nur.
[5]) Porzellan. [6]) Johannisbeeren zupfen. [7]) rupfen.

Daß ma s' leicht verrüahra ka'!
Wenn 's verkühlt ischt, füll's ins Glas
Und bind 's zu glei mit 're Blas' —
's muß e Ochseblase sei!
Die legscht in warm Wasser nei,
Weil mer's feucht d'rauf bende[1] muß,
's gibt den feschteschte Verschluß.
Aber auf des G'sälzle nauf
Legscht e Wachspapier erscht drauf.

Horch![2]) Des ischt a' gutes G'sälz;
Streich's auf Brod, so macht mer 's äls.
Glaub mer nô, des möget d'Kinder —
Und was hättscht na oft im Winter?
D'Äpfel gehet z'letzt a aus;
Ebbes aber brauchscht im Haus;
Denn sind Kuche,[3] Keller leer,
No ischt's halba letz'[4] auf Ehr!

---

[1]) binden. [2]) Paß auf. [3]) Küche. [4]) gefehlt.

Ebbire-Tort![1])

Du rührscht a g'schlag'na halba Stond —
Des schadt D'r nex und ischt D'r g'sond[2]) —
An Viarling[3]) Zucker, g'stoßa fei,
Jn siebe ganze Eigelb nei';
Na kommet d' Ebbire erscht nei',
Dia dürfet net frisch g'sotte sei'
Vom Tag zuvor und schäl se au,
Wäg mer se g'rieba,[4]) wäg se g'nau —
Blos a halbs Pfond[5]); hast des guat g'rüahrt,
Hast d' Form mit Butter g'hörig g'schmiart,
Und mit 'ma Semmelmehle b'streut,
Daß d' Tort leicht raus gôht seiner Zeit.
Nô schlagst ân Schnee und rührst en fei'
Zua dene andre Sacha nei',
Füllst d'Form d'rmit nô auf der Stell'
Und schiebst se in Dei' Rohr nô schnell.
Doch sorg' m'r für a starka Hitz,

---

[1]) Kartoffel-Torte. [2]) gesund. [3]) 125 g. [4]) gerieben. [5]) 250 g.

Sonscht wird d' Tort speckig — des ist knütz[1])! —
Und thuast's d'rauf raus, gelt, denk m'r dra',
Leg's auf a Holz, net auf Porz'la',
Denn des ist ebbes Alt's, nix Neu's,
A Backwerk g'hört auf Holz, ist's heiß,
Und a zwoit's Sprüchla, au net z' b'streita,
Hoißt: Backwerk soll ma' heiß net schneida!

Dui Torte, dui isch ganz probat,
Dui halt sich lang, ischt delicat;
Mer gibt e Häge-Sößle[2]) meischt,
Au wird se mit Schodola g'speist.
Dui Torte richt für Sonntäg na',
Weil mer doch jetzt nex habe ka'.
Mit dere neie Sonntägs-Rua,
Do send jo älle Läde zua!
Noi dui Verordnung gfallt mer nit;
's isch au nex ausg'richt dermit.
Sell hätt I anders g'macht, als Staat,
Daß jeder doch en Sonntig hat —

[1]) nicht nütze, nicht gut. [2]) Hagebutten-Sauce.

Wia auf der Poscht und Eisebah',
Wo mer au Sonntags reise ka'!
Se könntet abwechsle, moin i',
Der Prinzipal und der Commis.
Es müsset doch net älle z'gleich
Spaziera geh' im deutsche Reich.

Flädles-Supp'.[1]

Z' erschte mußscht a Süpple haba;
D' Suppe g'hört zan Essa;
Mir send jo die Suppe-Schwaba —
Thu mer's net vergessa!
D' Flädles-Supp' dia machst am g'scheidtsta
B'sonders für en Gascht,
Denn De kommscht dermit am weitschta,
Wenn D' koi Fleischbrüah hascht —
Oder wenig wollt' i saga,
Oder leichte Brüah;
Dui kan's Strecka wohl vertraga,
Merkschsts[2]) bei Flädle nia!
Wie mer d' Flädla macha ka?
Narr, da gohscht net fehl[3]):
Machschst e leichtes Taigle a
Nô[4]) von Milch und Mehl,
Schlagscht drei ganze Eier nei'.

---

1) Pfannkuchen-Suppe. 2) merkst es. 3) falsch. 4) Nur.

's Taigle des muß laufa,[1])
Muß so dünn wie Suppe sei' —
'S gibt en ganze Haufa.
Nacher streichscht e' Pfann mit Speck
Auf'm offne Feuer,
Gießscht vom Taigle d'ruf, nô keck —
Des isch jo net teuer!
Aber, merk Der's, dünn und fei,
Daß mer d' Pfanne sieht,
Wie a Oblad müaßet's sei
D' Flädle, dicker nit;
Wenn s' uf einer Seite brau',
Nacher wendscht[2]) se om;
Wenn D' se thätscht verbrenna lau'[3])
Mädle, sell wär domm!
Wenn se nacher bacha send,
Rollscht se schön, — net hudla![4]) —
Schneidscht se mit 'm Messer, Kend,[5])
Grad wia Suppe-Nudla;
Gießscht die siedig Fleischbrüh dra
Spät, i sag Der's glei.
Wenn se d'ra ischt, richt se a,
Sonscht gibt Der's an Brei.

---

[1]) flüssig sein. [2]) wendest Du sie um. [3]) lassen. [4]) Kind.

Dürfscht mer's glauba, gewiß die Flädle
Schmecket au' Dei'm Herrn;
Dünne Flädle, dicke Mädle
Möget d' Mannsleut gern.

Gurka-Gemüas.

Hobelscht greane[1] Gurka fei',
G'rad wia zum Salat,
Und na' salzschst se tüchtig ei' —
Sei mer nô acc'rat!
Brenn' D'rno a Mehle ei'
Im'a Schmalz; wenn's heiß isch,
Thuascht a Stückle Zucker nei',
Daß es net so weiß isch.
Mach's recht donkel, laß Der's weise[2];
Schütt' an Essig d'ra'
Und a Fleischbrüah, recht a heiße,
Rühr mers glatt fei' a'!
Nacher salzschst's und pfefferschst's tüchtig,

---

[1]) grüne. [2]) zeigen.

Schneideścht Zwiebel nei,
Auch a Lorbeerblatt ischt wichtig,
Nägela sind sei!
E Citronarädle dra!
Gibt an guata G'schmack;
's fragt se eba, ob Dei Ma
Au des G'schmäckle mag!
In en anders Kächele
Seihścht des Mehle nei' —
Weißścht des send so Sächele,
Des will alles sei'!
Aber erścht, wenn's mit die Sacha
Kocht hat donderschlächtig[1];
Und recht dick muaßścht's Mehle macha,
Nacher schmeckt Der's prächtig.
Druck die Gurka tüchtig aus,
Sell[2]) vergeß mer nia;
Denn des Salzwasser muß raus,
D' Gurke ziaget Brüah. —
Koch se in dem Mehle mit,
Aber merk Der's, Kendle[3]),
Länger nó bei Leibe nit

---

1) Donnermäßig, stark. 2) dieses. 3) Kindle.

Als e Viertelstendle.
Jedermann kann's net vertraga —
Sell[1]) liegt auf der Hand,
Narr, mer braucht en guate Maga
Oft zu ällerhand.
Net nô zua de Gurka eba,
Noi! do wirscht noch gucka,
Mädle an as Ehstandsleba
Hat oft seine Mucka[2])!

---

[1]) Selbiges. [2]) Schattenseiten.

Härings-Auflauf.

Du rührscht a Viertel[1]) Butter fei',
Rührscht an vier Eiergelb drei nei'
Und no verreib Ebbire[2]) g'schwind,
Die Tags vorher scho gsotta sind.
Zwölf Loth[3]) dervo sind eba recht;
Dia rührst drei nei und des net schlecht.
Thu an e bisle Salz dran na' —
A Salz des g'hört an älles dra!
Jetzt nimmscht a Mehl, an Löffel bärig[4]),
Thuaschst's in a Tässle, rührschst's no' g'hörig
Mit süaßem Rahm — net viel, i mei[5]),
E' halbes Gläsle nò dürft's sei.
Des Taigle schüttescht aus der Tasse

---

[1]) 125 g. [2]) Kartoffel. [3]) 185 g. [4]) kaum. [5]) meine.

Vorsichtig an die g'rührte Masse.
Drauf schneidscht e Zwiebele recht fei'
Und dämpfschst es leicht in Butter ei!
No putzscht an Hering, nimmscht'n aus,
Und thuscht die Gräthe sauber[1]) raus,
Schneidscht kleine Würfela dervo,
Mußscht's in a Extraschüssel tho.
Na kommet d' Zwiebela derzu
Und saurer Rahm. I sag Der's Du!
Des ischt e Speis, dia sucht ihr's Gleicha,
E halber Schoppe[2]) Rahm wird reicha.
Jetzt streichscht en Aufzugblech, sell weißscht,
Mit Butter aus, des thut mer meischt,
Na schneideschst Ebbire in Schnitt[3]),
Belegscht de Boda schön dermit,
Und schütt'st auf dia Dein Hering na' —
Und thuascht des Z'sammag'rührte dra! —
Halt, Halt! I muaß Der ebbes saga:
Du muaßscht en steife Schnee erscht schlaga
Von die vier Eigelb, merk Der's nô:
Den mußscht De erscht an d' Masse tho'[4]),

---

[1]) pünktlich. [2]) 1/4 Liter. [3]) Schnitten, Scheiben. [4]) thun.

Na ziehgschst's im Ofe auf, wie's isch
Tragschst's, in der Form glei, auf de Tisch.

Thu des Recept nó net vergessa,
Des ischt a richtigs Montags-Essa [1]),
Denn Montag, des isch so e Tag,
Wo mer sein Müh hot und sein Plag.
Do isch de Männer oft net juscht [2]),
Du weißscht net, was De kocha mußscht,
Se klaget über allerhand,
's genirt se d' Fliaga an der Wand —
J sag Der's nó, da kommscht beim Ma
Am beschte mit me Hering a.

1) Montags-Essen. 2) nicht wohl.

Italienischer Käs.

E schweinerne Leber muaßscht hacka und wiaga,
Mußscht sorge, daß D' jo e ganz frische thuascht kriaga —
Juscht anderthalb Pfond[1]) darfscht nehma ganz keck;
Des wiegscht De mit nei und e Viertel Pfond[2]) Speck —
Koin g'räucherta moin e, a frischer muaß's sei —
Und zwoi Lot[3]) Sardella hackst au glei mit nei!
Na thuascht Du a Salz und an Pfeffer dra' na,
A bisle Muschkat au und z'letscht Parmesa —
An g'riebana mein i, vier Lot[4]) so beiläufig;
Den Käs wirscht Du kenna, den nimmt mer ja häufig.

---

[1]) Pfund. [2]) 125 Gramm. [3]) 30 Gramm. [4]) 60 Gramm.

Drauf nimmst noch a Bröckale Butter, liabs Kind,
Und Peterling[1]), Zwiebel die au scho gwiagt sind.
Da dämpfscht De zwei Tafelbrödle dermit,
Thuascht d'Rinde abreiba — vergeß mer des nit!
Des thuscht De zom Andre, verschaffst[2]) älles recht —
Du wirscht Dich vergucke[3]), des schmeckt Der net
schlecht.
Jetzt streichschst Du mit Butter e Form recht
guat ei,
Und schütteschst die Masse mit ällem drei nei.
Des muaßscht De guat anderthalb Stonde lang
bacha[4])
Und thu mer nó ja net de Hitze z'stark macha.
Wenn's bacha isch, läßschst's in der Küahle noch
stehn.
Erscht wenn De's witt[5]) essa, na stürz mer's recht
schön
Und vorsichtig raus auf an größara Teller.
Stoß' d' Form in heiß Wasser — so goht Der's
glei schneller.

---

[1]) Petersilie. [2]) verarbeitest. [3]) wundern. [4]) backen.
[5]) willst.

Der Käs, der isch gwiß ebbes[1]) rechts für Dein Ma',
Weißscht, weil mern au eing'wickelt mitnehma ka'
Auf d' Silberburg[2]) nauf, oder au auf'n Keller;
Na brauchst De nex weiters, als d' Besteck no' und d' Teller.
Dort laßscht D' Der noch Bier und e Brot derzu geba,
Denn d' Wirtsleut — des merk D'r — dia möchtet au leba.

[1]) etwas. [2]) Museumsgarten in Stuttgart.

Kernles-Thee.[1])

Wenn der Man ins Wirthshaus göht,
Manchmal in der Wocha,
Muaß a Frau, die was verstöht,
Ebbas Sparsams kocha.
D'rom mach nô en Kernles-Thee,
Sell kann i Der rata,
Billiger geits g'wiß ner meh' —
Brauchscht net immer Brata.
Haagebutzekernla, guck
Dia sind ganz leicht z'kriaget,
Nimm drei Löffel aus der Guck,[2])
Höchstens viar, dia gnüaget,
Stell s' mit reinem Wasser auf
Im a saubre Töpfle

---

[1]) Thee von Hagebuttenkern. [2]) Dute.

Und kochs ei, füllsch's wieder auf
Mit Deim Wassernäpfle.
Stell's in äller Früh scho na,
Wenn Dein Feuer brennt,
Weil der Thee net koche ka
In der Eil nó gschwend.[1])
Zwei, drei Stonde — wenn net meh —
Müsset d' Kernle siede,
Bis er dunkelroth der Thee —
Nacher hot er Güte.
Guck, des schmeckt, we' mer[2]) so will,
Narr wie soll i saga?
Wie e Theele mit Vanill',
Macht en gute Maga.
Zucker thut sich jeder dran,
Sell kanscht Du Der denka,
Und au d' Milch muß Jedermann
Nei' ins Theele schenka.
Zwieback tunkt sich guat drei nei,
Des wirscht bald entdecka,
Aber ka's koi Zwieback sei,
Nó nimm halt an Wecka.[3])

---

[1]) geschwind. [2]) wenn man. [3]) Weißbrod.

Wia gsait: goht Dei' Maule aus,
Spar' m'r — lass' D'r's rotha,
Trink' Dei' Kernles-Theela z' Haus —
Ißt er au' an Bróta!

Lensa.[1])

Muaßscht se lesa,[2]) bis sie rei'
Nô leg s' in kalt's Wasser nei;
Z' Obed[3]) thuascht des; folg mer nô,
Morgens haischt Du gnug zom thô'.[4])
Wer am Obed 's Gemüas thuat putza,
Hat am andra Tag de Nutza.
Stell se nô recht zeitlich na',
Thu e kaltes Wasser dra'.
Wenn s' e Stündle kocht heut, weißscht,
Gießt mer's Wasser ronter[5]) meischt,
Füllt a heiße Fleischbrüh nach,
Laßt se koche äls gemach.[6])
Und i sag Der's, koch se recht;
Wenn se pocklet,[7]) send se schlecht.
Mach nô Schmalz am Feuer heiß
Zum a Mehle — mach's net weiß,

---

[1]) Linsen. [2]) auslesen. [3]) zu Abend. [4]) zu thun.
[5]) herunter. [6]) gemächlich. [7]) hart sind.

Dunkel muaß des Mehle sei';
Thua au Salz und Pfeffer nei',
G'wiegte Zwiebel — rühr's schön glatt,
Daß 's auf d' Letzscht koi Knolle hat.
Lösch's mit Fleischbrüah ab und thua
D' kochte Linsen nei derzua;
Schütt a bisle Essig nei'
Säuerlich ment[1]) d' Lensa sei'.
Glaub mers nö, i kenn de Ma':
Stellscht em weiche Lensa na',
Wird er selber butterweich.
D' Mansleut, dia send alle gleich.
Kauscht se mit 'me gute Stückle
Aelle om de Finger wickle.
Lensa send ihr Leibgericht,
's stoht jo in der biblisch G'schicht:
Hat doch Esau — hascht's vergessa?
's Erbrecht laun,[2]) um Lensa z'essa;
Hätt' der Spätzle kriagt[3]) derbei,
Hätt' er d' Seel verschrieba glei!

---

[1]) müssen. [2]) gelassen. [3]) bekommen.

Mafisch.

Muaßscht de Fisch ins Wasser lege,
Nur e' Stündle meinetwege,
Schuppscht'n gut und nimmscht'n aus,
Und schneid'st em boide Kiema raus;
D' Eingeweide, d' Blase an,
Wirfscht De weg — mach's nó genau!
Aber nó de Milchner nit,
Oder Rogler — den kochscht mit.
Salz de Maifisch richtig ei',
Laß'n steh'n — 's muß schmackhaft sei'.
Wenn D' de Fisch verschneida witt,[1])
Wirscht De leichter fertig mit,
Und kanst's doch lega hinterher,
Als ob's no beianander wär'!

[1]) willst.

Doch wär's Der liaber, daß der Fisch
Käm a's de ganzer[1]) auf de Tisch,
Nô muaßscht halt so an Kessel ha',
Wo mer'n ganz d'rin siede ka'.
Und de Sud will i Der saga —
Brauchscht d'rom[2]) niemand anders z'fraga —
Nimmscht koi Butter und koi Schmalz,
Wasser mit e bisle Salz,
Essig und viel Zwiebelrädla,
Pfefferkörnla, Lorbeerblättla.
Nägela kanscht au nein tho'
Gelbe Rüble und Citro'.
Kochschst's e halbes Stündle gut,
Legscht de Fisch na[3]) in de Sud.
Laß'n nô net z'lang drina liaga —
Er darf höchstens Blasa ziehga,[4])
Jo net sieda oder walla,[5])
Könnteschst's teuer sonscht bezahla.
Wenn er platzt am Rücke, weißscht,
Nacher isch er fertig meischt;
Legscht'n auf a Platta na
Richtscht'n, wenn D' en warm witt, a'.

---

[1]) als der ganze. [2]) darum. [3]) nachher. [4]) ziehen. [5]) stark sieden.

's thut's e Jed's nach seiner Weis',[1])
Er ischt kalt so gut, wie heiß.

Was i Der nó sage will:
M a i fisch ißt mer im A p r i l!

---

[1]) nach Belieben.

Niera (saure).

Schweinerne Niera [1]) legscht Du ei'
Am Obed [2]) zuvor, na' send se fei',
In leichte Essig, den wirscht han, [3])
Schüttschst e bisle Milch no dran.
Am andre Morga nimmschst se raus;
Die Beize aber schütteschst aus.
De Nierle häntest a', schneid'st s' auf,
Nô machst a recht guats Sößle [4]) drauf:
Du stellscht a Schmalz na' und wenn's raucht,
Thuast Mehl d'ra, was mer eba braucht.
So viel's halt anschluckt, muß es sei,
An g'wiegte Zwiebel kommet nei.
Mach nô des Einbrenn jo net z'hell,
Und lösch's mit guater Fleischbrüah schnell!

---

[1]) Nieren. [2]) Abend. [3]) haben. [4]) Sauce.

No thuascht D' de g'schnitt'ne Nierle na'
Und laßscht s' recht langsam kocha d'ra' —
E' ganze Stond, und mach nô nie
E sotte[1]) lange Suppe-Brüh;
A kürzes Sößle[2]) paßt alloi' —
Nô g'hört au Salz und Essig noi',
En Pfeffer au, sonscht hat's koi Art —
Und jô erscht z'letztscht, sonst wern se[3]) hart!

Horch! I will Der ebbes[4]) rate,
Es isch koi' Unrecht und koi' Schade,
Wenn D' e Wünschle hoscht im Stilla,
Des Dei Ma' Der sott[5]) erfülla,
Mußscht em schön thon, mußscht em schmeichla
Und em a bisle 's Mulle streichla.[6])
Morgens um die Veschperzeit
Rufscht em zärtlich: „Bischt bereit?
Männle, i han saure Niera.“
Narr, des wird'n aber rühra,
Denn er mag's für's Lebe gern —

---

[1]) eine solche. [2]) Sauce. [3]) werden sie. [4]) etwas.
[5]) sollte. [6]) schön thun.

Niera möget alle Herrn,
Und Du kanscht mit sotte[1]) Niera
Ganz gewiß Dein Ma verführa,
Daß er thut, was Du nò witt[2]) —
Probir's e Mal, i zweifel nit!

[1]) solche. [2]) willst.

Ochsamaul-Salat.

Des Ochsamaul, des putzscht erst rei',
Na' legschst's in g'salzes Wasser nei',
Und kochschst es weich, na nimmscht es raus
Und lösch'st [1]) dia Beinla warm no aus.
So laßschst es in der Kuahle steh'n
Und schneideschst's — aber ja recht schön,
In vierecka rt'ge Stückle sei'.
Dia salzscht Du gut und pfefferscht s' ei',
Au Oel und Essig thua m'r na',
Wia beim Salat mit Zwiebala d'ra'.
Des ischt e Beilag, dui mußscht macha,
Denn d' Herra möget saure Sacha!

Nur net e sauers G'sicht muaßscht schneida —
Sell könnet d'Mannsleut gar net leida

---

[1]) auslösen.

Und das mit Recht! 's hat gar koin Nutza!
D'rum g'wöhn' Der's ja net a', das Trutza![1]
Sonscht gôht[2] Der der Verdruß net aus —
Und Fried[3] ischt doch das Schönscht' im Haus.

---

[1] auch nicht. [2] geht. [3] Frieden.

Punsch.

A Pünschle — des muaßscht könna macha,
Und dözua brauchscht verschied'ne Sacha:
Für's Erst' a Schöpple rotha Wei' —
Dean schüttest glei' in d' Bowle nei!
Nô druckscht, und zwar mit ganzer Kraft,
Von fünf Citrönla dra' da Saft.
Laß nô koi Kernle noi, gib Acht,
Weil des sonscht älles bitter macht!
E halb Pfond[1]) Zucker thuascht an' na',
Nô hent'r Süaßigkeit gnuag dra'!
Deck's zua drauf, laß's a Stündle steha,
Weißscht, daß der Zucker kan vergeha.
Des Wasser muaßscht Du vorher messa
Juscht[2]) mit die Gläsle, die mer nimmt;
Du brauchscht an vierzehn Gläsle b'stimmt.

---

[1]) 250 Gramm. [2]) just, gerade.

Des gitt Der nacher g'rad nach Wonsch[1])
Vierezwanzig Gläsle Ponsch.[2])
Des Wasser gießscht d'rauf kochend na',
Und thuast ganz z'letztscht an Arak d'ra'.
A Viertel Liter wird genüaga
Versuach's, na' kanscht an A'sicht kriaga,
Kanscht, wenn De meinscht, noch meh[3]) na gießa
Kanschst's, wenn De witt, noch meh versüßa.

Des Pünschle muaßscht Sylvester macha
Und ebbes Guat's derzua nô bacha!
Guck, wenn De witt, daß Der Dei Ma'
Derhoim bleibt, stell em ebbes na',
Was er gern mag. Des isch e List,
Die koiner Frau verbota ist.

---

[1]) Wunsch. [2]) Punsch. [3]) mehr.

Quitta-Schnitz'.[1])

Sechs schöne Quitta schäl' recht fei',
Toil' jeda in acht Schnitzla ei'.
Na schneidscht De 's Steinige dervo' —
Des mußscht Du aber pünktlich tho'!
Drauf kochschst s' im Wasser — sag Der's glei!
Nô bärig [2]) weich, jô net zu Brei.
Fang d'Schnitzle raus, leg se auf's Siab,
Verdruck se net — 's wär mer net liab!
Grad fällt mer's ei', Du muaßscht s' erst wäga,
Eh' Du s' [3]) in's Wasser nei' thuascht lega.
Du rechnescht a halb's Schöpple [4]) Wei'
Auf anderthalb Pfond [5]) Quitta fei'
E ganz Pfond [6]) Zucker — meh brauchscht nia,
E halbes Schöpple [7]) von der Brüah,
Aus der Du d' Quitta raus hascht tho',
E Stückle Zimmt, a halb' Citro',

---

[1]) Quitten-Schnitze. [2]) kaum. [3]) eh Du sie. [4]) 1/4 Liter.
[5]) u. [6]) Pfund. [7]) 1/4 Liter.

Vier Nägala und d' Quittakern;
Dia aber — merk Der's — thuat ma gern
In a kloi's Läpple[1]) vorher binda,
Ma kann se nacher sonscht net finda.
Des kochscht mitsammt de Quitta schön —
Thu's langsam, weißscht, muaßscht dernach sehn.
Und fang se wieder raus die Scheiba,
Sie dürfet net lang d'rinne bleiba.
As Säftle aber kochscht dick ei'
Und seihscht es über d' Quitta nei'.
So ißt ma's kalt — 's ischt a Kompott
Zuar Mehlspeis, wo ner drüber gôht.[2])

Kompotter muaßscht guat macha könna —
I könnt Der faschi[3]) e Dutzet nenna!
Von jedem Obscht kanscht ois[4]) bereita —
Kompotter gibt's zu alle Zeita!
An jeder Tafel findscht Du ois,
Au Kranke gibt mer's — 's ischt was foi's![5])
Und oft und viel — i hab's erfahra,
Kannscht au da Doktor mit erspara!

---

[1]) Fleckchen. [2]) geht. [3]) fast. [4]) eines. [5]) feines.

Ragout von Briesle.[1])

Vör ällem leg nó glei des Briesle
In kaltes Wasser nei' a bisle,
Wirf's nó in salzig's Wasser nei';
Ist's 'kocht, ziah d' Haut ab hintadrei!
So wenn Da's machst und pünktlich bischt,
I garantier D'r, guck nó ischt
Des Briasle sauber. Des verschneidt'scht
In kleine Stückla und bereit'scht
E gutes Sößle,[2]) ohne Gleicha,[3])
Stellscht Butter na, den laßscht verschleicha,[4])
Thuascht Mehl drei nei und rührscht es glatt,
Und wenn des kaum e' Färble hat,
Na löschst's mit guater Fleischbrüah ab —
Doch mach's net' z' dünn, halt 's Sößle knapp!
Thu Salz dran und Citronarädla
Und an e halbes Lorbeerblättla.

---

[1]) Kalbsbries. [2]) Sauce. [3]) ohne gleichen. [4]) vergehen.

An saura Rahm, an Löffel voll
Und koch's nô mit dem Briasla wohl.
Na rührscht en Eigelb, oder zwei
Mit eme Tropfe Wasser glei,
Schütt'scht's Sößle dran, muaßscht's älsfort rühra,
Des nennet d' Deutsche „fricassiera."
Fang aber z'erscht, i bitt mer's aus,
Die Zuthata schön alle raus.
Thu au e bisle Weißwei' d'ra',
Leg 's Briasle nei' und richt's schö a'!
Des dürfet Wöchnerinna essa —
So kräftig ischt's — thu's net vergessa!
Mer füllt's au in Paschtetle nei —
's isch ausgezeichnet guat und fei.

E Briesle mag Dei Ma' au g'wiß,
D'rum sei au Du koi z'widra Pris![1])
Du hascht net nötig, G'sichter z'macha,
Du bischt nô jong,[2]) Du hascht guat lacha.

---

1) Unangenehme Person. 2) wahrlich nein. 3) jung.

Spätzla.

Spätzla macha ischt net schwer —
Aber könna muaßscht' D' es!
Nimmscht a Pfündle[1]) Mehl, net mehr,
In a Schüssel thuascht D' es.
Rührschst's mit Milch schö langsam a',
Machscht en Taig, an feschta,
Thuascht zwei gute Eier dra —
So wird er am Beschta.
Salz en au', doch jö net z'viel,
Schlag en nö recht tüchtig,
Bis er Blösa werfa will —
Nachher ischt er richtig!
Jetzt stell' flink a Wasser na'

[1]) auch 500 g.

Im a Messingpfändle[1];
Siad's und thua a' Salz an d'ra' —
Bärig[2]) a klois Händle.
Tonk[3]) des Spatzabrettle fei'
Und an 's Spatzamesser,
Weil der Taig sonscht pappt, drei' nei' —
Nô goht's G'schäft viel besser.
Wirf da Taig uf's Spatzabrett,
Streich en glatt am Rändle[4])
Und schneid' Spätzla kloi' und nett
Frisch und flink ins Pfändle.
Aber älle Spätzla glei
Z'mal derfscht net oilege',
's gäb' D'r sonscht an wüaschte Brei,
Den koi Mensch thät möge'.
Wenn se steiget, fang' se fei'
Mit 'em Seier raus,
Leg se in heiß Wasser nei',
Sonscht trocknet se Der aus.
Nô seihst s' heiß durch, legst s' auf d' Platt,
Sauber, schmelzst s' mit Zwiebel

---

1) Messingpfännchen. 2) kaum. 3) eintauchen. 4) Rand.

Und dia Spätzla fei' und platt
Schmecket gar net übel!

Weißscht, mer muaß sich älls[1]) veredla,
Lerna muß mer — fang nò a'!
's isch koi richtigs Schwobe-Mädla,
Des net Spätzla kocha ka'.

[1]) immerfort.

Träubles-Wein.[1]

Nach guate, reife Träuble guckscht De,
Die zupfscht Du ab und nacher druckscht se
Recht durch a Tuch, mit äller Kraft,
Berechnescht auf en Schoppa[2] Saft
Zwei Schoppa[3] Wasser, und derzu
E halb Pfond[4] Zucker. . . Aber Du!
Den Zucker muaßscht Du kloin verschlaga,
Des kan i Der im Voraus saga.
Füllscht des nô in en Kolba nei',
Der muaß von Glas und weit au sei!
Am Hals recht weit, sonscht kanscht Du nit
Nei'[5]) mit'm Seier, wenn De witt.

---

1) Johannisbeer-Wein. 2) ½ Liter. 3) 1 Liter. 4) 250 g.
5) hinein.

Du mußscht es schüttla an zuweila,
Daß sich der Zucker kan vertheila.
Wenn er verganga ischt, nô thuascht
A Flasch voll raus; dia aber muaßscht
Gut aufbewahre; denn mer soll
Äls sorge, daß der Kolbe voll
Bis obena', und zudeckt sei'
Mit 'ma Tüchle muaß er sei —
Nô jo net fescht, in koinem Fall.
Der Wein der gährt, do thut's en Knall.
Und wenn er gährt, muaßscht Obacht gebe,
Muaßscht äls[1] des Unreine abhebe
Mit eme Seier — mach mer's g'scheidt!
Und füll' au' nôch von Zeit zu Zeit.
So laßscht D's ruhig im Küahle steh'
Acht Wocha lang. Erscht, wenn er schö'
Und hell isch, wia e Wein sott sei',
Nô füllscht'n ruhig in Flascha ei'.
Nô derfscht'n pfropfa und versiegla,
In Speisschrank tho' und den — verriegla.

---

[1]) immer.

Des Wei'le[1]) ischt in heißer Zeit
A Labsal, wia's koi' anders geit.
Wenn Ebber kommt und isch erhitzt,
Verbrôta'[2]) fascht und ganz verschwitzt,
Der freut sich mit Dei'm Träubleswei'
Und tonkt[3]) auch gern derzua was ei;
D'rum muaßscht von Zeit zu Zeit was bacha,
Muaßscht Zimmtstern' oder Brödla macha;
's g'hört was in's Haus, des muaßscht Der merka,
Es wellet[4]) älle Leut sich stärka.
Und sell[5]) ischt wohr, als stünd's im Buch:
Ner wenn De hast, kommt gwiß a B'such!

---

1) Wein. 2) verbraten. 3) tunkt. 4) wollen. 5) selbiges.

Überrescht'.

Witt an richt'ge Haushalt grenda[1],
Muaßscht au' d' Überrescht' verwenda:
Wenn De Suppafleisch no' hascht
Oder Kalbfleisch, des ischt mascht[2],
Mach Der nô a guats Haschele,[3] —
Sell kann i Der anempfehle.
Thuscht a Stückle Butter na',
Peterling und Zwiebel d'ra',
Laßscht des dämpfa, nimmscht a Mehl,
Machscht en Einbrenn, bärig gehl[4] —
Net z'viel Mehl, sonscht giebt's an Papp.
Thua drauf 's Fleisch nei', lösch's nô ab
Mit 'ra Fleischbrüah. — Sell wirscht wissa,

---

[1]) gründen. [2]) kräftig. [3]) Hachis. [4]) kaum gelb.

Daß D' des Fleisch hascht wiaga müssa!
Muaßscht e bisle Salz d'ran thô',
Pfeffer au und au Citro' —
Nô a bisle Saft — sell weißscht!
Au a Weinle nimmt mer meischt.

Des ischt net schlecht — nô laß Der rata,
(Denn d' Herre möget liaber Brata)
Koch's, wenn Dei Ma net grad bei Tisch —
Wer weiß, ob des sein Guschto[1]) isch!
Und nach s e i ' m Guschto muaßscht Dich richta —
Des g'hört emal zu Deine Pflichta!

---

[1]) Geschmack.

Vanille-crême.

A halb Pfond[1]) Zucker, 's isch net z'viel,
D'rzua a g'schnittne Stang Vanill',
A halb Maas[2]) guata, süßa Rahm
Des siedeschst tapfer[3]) alles z'sam.
Nô muaß's verküahla — laß Der's rata' —
Nô net in Messing, 's könnt Der schada!
Einschtweila[4]) kleppreschst nebabei
Acht Eigelb mit 'ma ganza Ei
Recht tüchtig im a Häfale a',
Und giaßschst Dein g'sottna Rahm dra na',
Und seihschst es durch a Haarsieb schö' —
Des isch koi Kunscht, des wirscht versteh'.
Na füllscht dia schöne, guate Massa
Vorsichtig ein in Kaffeetassa.

---

[1]) 250 g. [2]) 1 Liter. [3]) flink. [4]) Inzwischen.

Jetzt nimmscht e fürchtig[1] groß's Kass'rol,
Thuascht Wasser nei — nur jo net z'voll!
Wenn's siadet, stellscht de Tassa nei';
I sag Der's aber — merk Der's sei! —
Des Wasser därf nur halber nauf
An d' Tasse geha — net bis rauf.
Na muaßscht en Aufzugdeckel ha,
Der auf's Kass'rol guat passa ka;
Legst Kohlagluat d'rauf — wenn de hascht!
A heiße Asch thuat's grad so fascht.[2]
So kochschst's a Viertelstond lang tüchtig,
Na hebscht de Deckel ra[3] vorsichtig,
Nimmscht leicht a Täßle raus — net g'fackelt[4])!
Des schockelscht[5]; wenn der crême net wackelt
Na ischt er fertig, mußscht die Tassa
Rausheba und verkühla[6] lassa —
So lang er warm ischt, schmeckt er schlecht,
Am and're Tag, do ischt er recht;
Und ischt er gar wia Eis so kalt,
Nô ischt er ebbes ganz Fein's halt.

---

1) fürchterlich. 2) fast. 3) herunter. 4) keine Witze gemacht. 5) Das schüttelst Du. 6) erkalten.

Mach nô den crême — b'sinn Di net lang!
Am Kränzles-Tag als zweite Gang.
Dia Kränzles-Frana esset gern
Bei andre Leut was Gut's, Potz Stern[1])!
Laß Du se nô den crême probiera —
Da hent se[2]) g'wiß nex z'raisoniera; . .
Zwar raisoniera thuant se immer —
Sonst wäret s' koine Frauazimmer!

[1]) Ausruf. [2]) haben sie.

Wei'schwämmla.

Altbach'ne[1]) Milchbrod' muaßscht Du reiba,
D' Brosama durch a Sieble treiba,
Drei Eigelb rüahrscht Du dann e Weil
Mit Zucker ab — des hat koi' Eil.
A halber Vierling[2]) wird genüaga —
Wenn's nô net z'viel ischt — will net lüaga!
Na thuscht die Brosama drei nei',
Drei Löffel voll — Eßlöffel sei'!
Auf d'letzscht de Schnee, 's goht wie der Wend,[3])
Jetzt muaßscht D' se aber bache g'schwend;[4])
Stellscht Butterschmalz im Pfännle na',
Und wenn des raucht, d'rnô gôht's a':
Legscht d' Schwämmla mit'm Löffel ei' —
Doch desmôl muaß's a' kleiner sei'.
Sie gehet auf, kehr se au' 'rum —
Wenn se verbrennet, sell wär dumm.

---

[1]) Altgebackne. [2]) 60 gr. [3]) Wind. [4]) geschwind.

Sobald se Farb heut,[1]) leg se nô
Glei' in en Seier — des muaßscht thô!
Na siedscht en Schoppa[2]) weißa Wei'
Und thuascht e groß's Stück Zucker nei',
Legscht d' Schwämmla in en Gompe[3]) nüber
Und schütt'scht de Wein ganz siedig d'rüber. —
So richschst se an — und laß Der's schmecke;
's isch ebbes Gut's — des wirscht entdecke.

Abwechslung, hoißts, macht viel Plaisi' —
Des Sprüchle, guck, gilt au' für Di'!
D'rum richt' heut des[4]) a', morgen 's Sell[5]),
Auf dia Art möget's d' Herra äll'!
Wenn Du des thuast, wird aus und ei'
Dei' Manle mit Dir z'frieda sei'!

---

[1]) haben. [2]) 1/2 Liter. [3]) Schüssel. [4]) dieses.
[5]) Jenes.

Zimmtstern'.

Auf d' Weihnachtszeit muaßscht selber bacha [1]
Und muaßscht vor Ällem Zimmtstern' macha.
Die möget d' Kinder und au Alte —
Día lasset sich au lang erhalte.
Sie send wohl teuer, sell isch wahr —
Du brauchscht genau zehn Eierklar.
Da schlagscht en Schnee dervô,[2] en feschte —
Und jetzt kommt aber erscht no's Beschte.
Den Schnee muaßscht Du e Stond lang rühra —
Des isch koi G'schpas,[3] des wirscht Du spüra —
Mit anderthalb Pfond [4] Zucker. . . Gelt,
Jetzt merkscht, daß 's theuer ischt? Potz Welt!
Von dera Massa, wenn se dick,
B'halscht Du acht Löffel voll zurück
Für später — woißscht, des gitt e Güßle; [5]

---

[1] backen. [2] davon. [3] Spaß [4] 750 g. [5] Guß.

D'rum stell's voarerst auf d' Seit' e bisle!
Und daß i's net vergiß, ma nimmt
In d' Masse au no' g'stoßne Zimmt,
An Ceylon Zimmt, dear ischt recht fei',
E Lot[1]) — net weniger därfs sei!
Na muaßscht de Mandla reiba, weißscht,
A ganzes Pfond,[2]) des nimmt mer meischt.
Des rührscht Du au nô[3]) in die Massa,
Na muaßscht se aber ruha lassa,
A ganze Stond in d' Kälte stella,
Und nachher erscht kanscht Du se wella.
Na richt'scht Der g'schwind Dei Nudlabrett,
Des streuscht mit Mehl und Zucker nett,
Nimmscht von deam Taig älls blos a Stück
Und wellscht des langsam fingerdick.
Gar z' dünne Fleckle tauget net,
Weil d' Sach' sonst leicht verderba thät'!
Nô nimmst Dei' Form, stichst d' Sternla 'raus —
Doch d' Abfäll' wellst von neuem aus —
Schmierscht auf a Blech a Wachs leicht nauf,
Und legscht die Sternla reihweis d'rauf,
Und b'streichst se mit dem Güßle jetzt,

---

1) 16 g. 2) 500 g. 3) noch.

Des Du vorher auf d' Seit' hast g'setzt.
Und schliaßlich bachst s' so leicht, liabs Kind,
Daß se no' weiß bis hellgelb sind.

Guat sind se, doch a bisle theuer.
Natürlich! Zucker, Mandel, Eier,
Und nô dear Zimmt! J' möcht' wohl wissa,
Wie des net gäb' an Leckerbissa!
Doch d' Weihnachtszeit kommt oi'mal no,
Dô derfst scho' ebbes Uebrig's tho!

Anhang.

So sotteischt sei'.[1])

Jetzt hör' mer zu und laß' Der ratha —
Was i Der sag, is g'wiß koi Schada.[2])
Ihr Mädle heiret oft drauf los
Und moint, Ihr g'winnet' 's große Loos.
Jo, Kutze Mulle blas e Gersicht,[3])
Da kommet Euch die Sorga erscht!
Guck', d' Eh' dia ischt a Lotterie —
Selbscht s' Gernhau noh koi' Garantie;
Denn 's hot scho' Liebespärle' geba,
Die sind wie Hund und Katz na'[4]) gwea.
's kann oft an älle Beide liega —
Mer muß sich in enander füga.
Die Männer, die send gar verschieda:
Der ruahig stets und für da Frieda,

---

[1]) So solltest Du sein. [2]) Schaden. [3]) ächt schwäbischer Ausdruck spöttischer Verneinung. [4]) nachher.

Der Ander' ischt a Haus-Tyran,
Der schimpft, was er nô schimpfa kan.
An d' Fraue send oft net ganz eba,[1])
Drom hapert's oft im Ehstandsleba.
I will Der's sage, kurz und klei,
Wie Du als Hausfrau sotteschst sei'.

's ischt net so leicht an Haushalt z' führa,
Des wirscht Du oft mit Seufza spüra.
Ja, wear in's Geld noi' greifa ka'
Bis an de Ellaboga na',
Do ischt's koi Kunscht, des könnt i au —
Des aber därf net jede Frau.
Die meischte müsset oft sich strecka
Und arg sich richta nach der Decka.
Des schad't Der ner,[2]) sei Du nô g'scheidt;
Des Bescht[3]) ischt die Zufriedeheit.
's isch Jederma' e Grenze g'setzt,
Des sieht mer erscht ganz deutlich jetzt!

---

[1]) nicht, wie sie sein sollten. [2]) nichts. [3]) Beste.

Wie thätet's sonscht dia Leut anfanga,
Die mit Milliona nô net langa?
Denk nô net, wenn Du ebbes siahscht,
Daß Du's glei selber habe müaßscht,[1]
Des wär a U'glück — kan D'r 's saga!
Da thät i nô Dein Ma' beklaga —
Wia sott denn dear gnuag Geld auftreiba!
D'rom Mädle, thu mer oifach bleiba.
Es send emol net Älle reich,
Es send emol net Älle gleich,
Und sell wär trauria, Saperment!
Wenn ma net doch vergnüagt sei' könnt
Mit wenig blos! Drum präg D'r's ei:
O i f a ch, r e ch t o i f a ch — sotteschț sei'!

Kriag[2] net glei Nerve, guter Gott,
Daß au Dei Ma was von Der hot.
Jetzt gehet d' Junge in die Bäder;
Ja, sag mer nô, was went dia später,
Wenn s' alt send? Guck, es wird mer weh,[3]

---

[1]) müßest. [2]) bekomme. [3]) übel.

Wenn i so jonge Frana seh!
Sonscht war der Frau ihr Welt ihr Haus,
Jetzt wellet se[1]) in d' Welt nô naus;[2])
An's Meer, in d' Schweiz und nach Paris,
Wo ebbes los ischt, trifft ma's g'wiß.
Blos net dahoim,[3]) nô ist's en wohl,
I woiß net, wie des werde soll!
Zua meiner Zeit hat mer's net kennt,
Daß mer von Kind und Haus wegrennt —
Da send die Fraue wie die Henna
Bei ihre Küchla g'sessa d'renna.[4])
Jetzt lent se[5]) d' Kinder — 's ischt net bitter!
De Kindsmägd' und de Schwiegermütter;
Zu deam send d' Schwiegermütter recht,
Sonscht aber machet se se schlecht.
E' Jeder wetzt sein grüane Schnabel
An dere Schwiegermutter-Fabel.
Die Schwiegermütter, die send heut
Der Fürchtebutz[6]) für älle Leut.
's wär oft e Nutze, nie koi Schada,
Thät nô die Schwiegermutter rata:
Denn 's isch koi Wonder — kan Der's saga!

---

[1]) wollen sie. [2]) hinaus. [3]) daheim. [4]) drinnen. [5]) lassen sie. [6]) Popanz.

Daß d' Fraue so viel maunzet, klaga;
Sie machet's eba au oft z'bont,[1])
Des isch koi Lebesweis', die g'sond[2]) —
An ewigs Hetza, Renna, Fahra
Nach em Vergnüge, wie die Narra.
Bleib Du derhoim und präg Der's ei:
Vergnüagt dahoim — des sottescht sei'!

J' Haus kannst D'rs au gemüathlich macha!
Warum au net! Des wär' zum lacha!
Guck, wenn De Gäscht[3]) hascht in Deim Haus,
Isch's g'scheidter, als der Ma geht aus!
In deam Fall aber laß D'r rata,
Mach's oifach: gib au große Brata,
Salat, Ebbire[4]) au' derbei,
Meerrettig, Senf, und so derlei,
Und nä[5]) noch Butter, wenn De witt,
Obscht oder Käs — meh aber nit.
Und als Getränk Biar oder Wei'
Und g'nuag von ällem — sell muaß sei'!
Mer will doch schwätza, net nó essa;

[1]) bunt. [2]) gesund. [3]) Gäste. [4]) Kartoffel. [5]) nachher.

Sell muaßscht bedenka, net vergessa!
Und zuadem kannst Du, hältst Du's so,
Dia Freud Diar öfters gönna no'.
Guck, wenn D' so auftragscht, glaub mer's no,
Da haschst Du erscht koin Dank dervo;
Die sich am ärgschte bei Der mäschta,[1])
Die raisonieret juscht[2]) am beschta.
Drom merk D'rs wohl und präg D'rs ei':
Net übertrieba sotteschst sei'!

Sei fleißig, schaff', des ischt D'r g'sond,[4])
Dö bleibscht Du frisch, wirscht kugelrond;
Steh' zeitlich auf, 's gibt jeden Tag
Was anders z' thô' — wenn mer nô mag!
Und weißscht — i laß mers net bestreita —
Du muaßscht im Haushalt älles leita;
's muß älles geh'n wie nach'm Uehrle
Zur rechte Zeit, wie a'me[4]) Schnüürle.
Da g'hört an Ei'theilung derzua,
A Luscht, a Fleiß und an a Ruah!

---

[1]) mästen. [2]) gerade. [3]) gesund. [4]) an einem.

Hascht Du a Putzerei im Haus,
Räum' net glei' älle Zimmer aus,
Daß d' Möbel stehet bis an d' Stiag',
Und 's aussieht wie im Türkakriag,
Daß mer koi' Sitz meh habe ka' —
Des ischt Der ebbes für Dein Ma!
Gib Acht, da schlagt e' Wetter d'rei;
Des g'schieht Der Recht, theils besser ei'!
Die Woch' hat siebe lange Tag',
Do ka' mer's richta, wie mer's mag.
A Hausfrau muaß gefürnei [1] sorga,
Muaß heut scho' denka, was brauchscht morga?

So ischt's au bei der Näherei!
Schaff', was De brauchst, scho' vorher bei,
Und gang net erscht auf d' Suchet aus, [2]
Wenn d' Näh're scho' bei Dir sitzt z' Haus!
Wenn Du net hilfschst, isch's koi' Profit!
Näh Du nô tapfer [3] selber mit,
So kanscht Der manches billig stella.
Und d' Mod mitmache — muaßscht's nô wella!
Und wenn De Wasch hascht, sorg' für Kohla,
Laß s' net am Bügeltag erscht hola.

[1] vorher. [2] auf das Suchen ausgehen. [3] fleißig.

Du muaßscht für Alles Sorge traga,
An Alles denka, Alles saga.
Wenn i e Ma wär, i thät nie
E Mädle [1]) zanke, immer sui.[2])
Sui isch die Frau, hat a'zugeba.
E Dienschtbot' ischt e Dienschtbot' eba.
Guck, 's gitt jetzt so viel g'lehrte Fraua,
Daß mer en Angscht kriagt und e Graua.
I will ja nex dergege saga,
Gega die neue Frauefraga.
I sag au nex, wenn oine ledig,
I moin nô' grad, sell wär net nötig,
Daß so viel' Mädle jetzt studiera.
Wer sott denn dô de Haushalt führa,
Die Kinder b'sorga und verpflega?
Und Kinder send a Gottessega!
So a G'studierte — laß me aus —
Dia ischt emol nex meh fürs Haus.
E Bilding freilich muß mer ha' —
I möcht au koine, die nex ka.
Es gitt an goldna Mittelweg —
's ischt freilich nô e schmaler Steg —
Den geh! Guck, i ha nex dergega —

[1]) Dienstbot. [2]) sie.

's ischt schön — wenn D' malscht und spielscht;
meintwega
Des därfscht Du tho zu älla Zeita —
No sott ner anders drunter leida —
Net Deine Kinder, net Doi Ma.
A sotta Frau, dia Boides ka,
Dia lass' m'r g'falla, d'escht de recht',
Des ist de oi'zig, dia i möcht.
Drom merk' D'r's wohl und präg Der's ei,
Sei häuslich; häuslich sottescht sei'!

Und laß Der nô von Niemand raube
Dei guate, ächte Gottesglaube.
Wie er na isch, des isch mer ois[1],
Der wel[2]) der recht' isch, sell weiß Koi's
Du brauchscht drom koi Betschwester sei
Und au scheiheilig net, o nei!
Im Herze muascht Dein Glauba traga,
Und, weißscht, des muaß i offe saga:
Bei Fraua kan's mi ganz verletza,

---

[1]) Das gilt mir gleich. [2]) welcher.

Wenn se so gottlos Zeug rausschwätza.
A Frau, des ischt emol koi Ma,
I leg an and're Maßstab a;
Und was beim Ma' manchmal verzeihlich,
Ischt bei der Frau, sag i, abscheulich.
Die Männer, weißscht Du, die studiera,
Die regelrecht philosophiera,
Die send emol aus anderm Stoff;
Du aber bischt koi Philosoph.
Drom merk' Dir's wohl und präg Der's ei:
Stets fromm und gläubig sottescht sei'!

Und daß De treu bleibscht, liabe Zeit!
Ischt Dei verfluachte Schuldigkeit.
Des hascht Du gschwora am Altar
Und nô am Standesamt sogar.
Er au, sott's grad so macha, freilich,
Und thät er's net, des wär abscheulich.
I wünsch Der recht en brave Ma —
So brav mer'n ebe habe ka;
D'rom werd au Du a rechte Frau
Und mach's, wie i Der's g'sait ha, g'nau.

Guck, in Dei neues Ehstandsleba
Will i Der no' e Sprüchle geba:
„Erscht Weib und Mutter, Hausfrau sei
Und älles And're nebebei.“
D'rom merk' Dir's wohl und präg Der's ei:
Recht brav und treu — so sottescht sei!

Inhalts-Verzeichnis.

Seite

[1] Marmelade. [2] Kartoffel-Torte. [3] Pfannkuchen-Suppe. [4] Hagebuttenkern-Thee. [5] Linsen.

[1]) Quitten-Schnitze. [2]) Ragout von Kalbsbries. [3]) Johannisbeerwein.

Zeitfracht Medien GmbH
Ferdinand-Jühlke-Straße 7
99095 Erfurt, Deutschland
produktsicherheit@kolibri360.de